27
№ 14153.

NOTICE

SUR LA VIE ET LA MORT

DU PÈRE

JEAN-BAPTISTE DE MIÉGES,

Recueillie, en 1786,

PAR M. L'ABBÉ BLONDEAU,

Curé des Planches,

ET PUBLIÉE, EN 1853, PAR LES SOINS DE

EDME—ALEXIS DUTRONCHET,

Un des membres de cette famille, facteur des postes
au bureau de Champagnole.

PRIX : 1 f. 25 c.

LONS-LE-SAUNIER,

IMPRIMERIE ET LITHOG. DE F. GAUTHIER.

1853.

Le père Jean-Baptiste de BOURGOGNE,
(Dutronchet, de Billecul.)
Mort au Couvent de la Croix à Naples en 1726.

BRIÈVE NOTICE

DU PASSAGE DE CETTE VIE AU SEIGNEUR,

De son serviteur

LE PÈRE

JEAN-BAPTISTE DE MIÉGES,

De la Province de Bourgogne,

A NAPLES, ACCOMPAGNÉE DE PLUSIEURS PRODIGES.

Ledit Père Jean-Baptiste, ministre provincial du couvent de Saint-Bonaventure de Rome, se trouvant à Naples au sujet d'une indisposition, laquelle s'augmentait de jour en jour, dans le mois de décembre de l'année 1725, ayant pris résolution de s'en retourner à Rome pour y finir le reste de ses jours, mais l'infirmité s'augmentant de plus en plus, le Seigneur, pour sa plus grande gloire, ne le lui voulut point permettre. Jusqu'au 5 de janvier le mal s'augmenta à tel excès qu'il l'obligea de recevoir les sacrements pour le passage de cette vie à l'autre, et lorsqu'un chacun était dans l'expectative de son trépas, il se porta beaucoup mieux, de quoi furent étonnés tous les médecins et les personnes qui étaient présentes : et cela est arrivé à cause qu'un jeune garçon, de l'âge environ de douze ans, intime ami dudit Père, lui avait prédit qu'il ne mourrait point dans une telle journée, mais bien un vendredi de mars, comme en effet il est arrivé dans le pénultième vendredi de mars, au 22 du même mois, jour de fête, que la religion de Saint-François célébrait, de saint Bovenut, évêque et confesseur du même ordre, pour souhaiter à son cher frère la bonne arrivée aux portes du Paradis dans l'heureuse entrée de son âme en icelui. Une heure après, il prédit à un religieux prêtre qui était retourné au couvent, de faire une visite nécessaire, que dans le terme d'une heure après, il l'aurai trouvé encore en vie, comme il arriva. Peu de temps aprè le retour dudit Père, il lui dit (tellement s'appelle ce religieux son ami) : « Père Vincent, je me sens manquer la vue, partant faites-moi la charité de me donner l'absolution, parce que je me meurs ! » A peine ledit Père lui eut donné l'absolution qu'il lui avait demandée, qu'il consigna son esprit dans les mains de son confesseur en forme d'une colombe qui volait au ciel.

Lorsque tous ceux qui étaient présents, et que les autres religieux furent arrivés à l'avis de son heureux trépas, comme celui d'un saint, un chacun donna des marques de sa tristesse par une effusion de larmes pour la perte de sa sainte conversation, comme un véritable fils du patriarche saint François, et un parfait observateur de sa sainte règle. D'abord expiré, un religieux prêtre qui ne pouvait marcher en aucune manière à cause d'une douleur qu'il avait aux genoux, ayant une grande confiance à son mérite auprès de Dieu, il prit le bonnet qui tenait sur sa tête et appliqué à ses genoux, se recommandant à son intercession ; lui cessant immédiatement la douleur, il fut délivré de l'empêchement qu'il avait de marcher. Ayant remis son âme dans les mains du Seigneur, son corps infirme, maigre et travaillé par une longue maladie, est devenu tout-à-fait beau, principalement au visage, et d'une couleur vermeille et riante en forme d'un ange.

Accommodé qu'on l'eut selon la coutume d'un religieux prêtre, le supérieur ayant fait venir tous les religieux, ils l'accompagnèrent avec une vénération obséquieuse et fondant tous en larmes jusqu'à l'église dans laquelle on lui fit les funérailles accoutumées, suivies d'une grande messe. Y assistant avec édification, toutes les personnes qui s'y trouvèrent, bien informées de sa sainte conversation, bonté de ses mœurs et sa vie, qui, ensemble avec les religieux, ne manquèrent point d'en témoigner leur tristesse par des actes pieux que leur suggérait la propre dévotion. Les funérailles finies, on le porta dans le cimetière, où il resta sans sépulture jusqu'au samedi suivant, et environ les deux heures après midi on le transporta pour être enterré. Il mourut environ les deux heures après midi du même vendredi. Le même soir, assez tard, l'infirmier qui le tenait en concepte d'un saint homme, descendit avec d'autres religieux pour le revoir, à dessein de faire la preuve de lui tirer du sang. Ils le trouvèrent tout-à-fait flexible et maniable, et après lui avoir donné des coups de lancette au bras et aux veines des pieds, il en sortit un sang vif et rouge, comme d'un homme vivant. Il resta dans un tel système jusqu'à son enterrement, qui fut le samedi mentionné.

Dans le même temps on lui mit une belle fleur dans la bouche cueillie alors par l'infirmier, avec laquelle il fut enterré ; Il s'est conservé en la même manière sous la terre, sans aucun changement ni corruption, l'espace de 18 heures. Le supérieur, pour satisfaire à la dévotion de quelques Messieurs dévots du même bienheureux défunt Père Jean-Baptiste, le fit secrètement désenterrer, et avec un étonnement d'un chacun, on le tira de la sépulture à la vue de ous ceux qui étaient présents, plus beau qu'auparavant, avec la même fleur dans la bouche sans que la même fût flétrie, de même que le corps et les membres flexibles et maniables, sans causer aucune horreur, mais plutôt une réjouissance d'esprit ; à laquelle observation ces Messieurs se trouvant présents à un spectacle si prodigieux d'un cadavre exempt de la corruption de la terre, criant tous à haute voix, ils dirent qu'il convenait à un tel défunt une sépulture plus singulière, et partant on détermina de le renfermer dans une caisse de plomb, et le colloquer dans un lieu particulier ; ce qui fut exécuté.

Entretemps on fit appeler le médecin et chirurgien, et avec l'assistance d'un notaire public et témoins, on fit l'ouverture du cadavre, et quoique les entrailles et le cœur du défunt parussent au dehors en quelque manière noirs et gâtés, au lieu d'en sortir une mauvaise odeur, ils en respiraient une très-agréable, ce que les professeurs attribuèrent à un miracle ; et lorsqu'ils détachèrent les poumons, il en sortit des humeurs pourries qui rendaient une odeur très-agréable : et après avoir donné un coup au cœur, on le trouva tendre, et il en sortit beaucoup de sang vif et rouge dans lequel on mouillait des mouchoirs par dévotion.

Les professeurs firent une attestation de tout ce qu'ils avaient fait et vu, attribuant le tout à un miracle, et le tout s'est passé en présence d'un notaire public. Le cadavre fut enfermé à clef dans la caisse mentionnée, en lieu de dépôt, ayant resté six jours sans sépulture formelle.

En ce temps le bruit s'étant répandu que par obéissance il donnait du sang de son cœur à qui désirait en avoir, tellement qu'il fut visité par mousieur le chanoine Fortunati, fiscal du Saint-Office, envoyé par l'Eminentissime cardinal monseigneur l'Archevêque ; il le jugea prodigieux et miraculeux en toutes choses comme un véritable serviteur du Seigneur, et ordonna pour toute bonne foi et utile respect de le renfermer le même soir dans la susdite caisse, et qu'ensuite il aurait envoyé l'instruction de quelle manière on devait se contenir. A peine paraît le susdit inquisiteur, il arriva un autre prêtre de la cour Ecclésiastique, et trouva le tout dans le même système d'auparavant. Il le jugea pareillement prodigieux et miraculeux, et principalement après avoir vu que, par obéissance, il lui donnait du sang de son cœur, criant tout étonné : « Grand miracle ! après sa mort, il obéit au supérieur. »

Dans ce jour-là, jusqu'à trois heures dans la nuit, il donna du sang à plus de cent personnes tant religieuses que séculières, nobles, ignobles et de toute sorte de qualité et condition qui y étaient accourues à cause de la renommée de ses prodiges, et ce qui est plus étonnant, c'est que deux religieux lui coupèrent fort adroitement le cœur et l'emportèrent ailleurs ; mais ne trouvant point de repos à cause des remords de leur conscience, jusqu'à ce qu'ils l'eurent remis dans sa poitrine. Le soir du septième jour on le renferma dans la susdite caisse, et on le descendit dans une sépulture *in loco depositi*, jusqu'à ce qu'on eût achevé un dépôt pour lui seul. Il resta dans la susdite sépulture jusqu'au quinzième jour après sa mort. Le Père gardien du couvent de la Sainte-Croix de l'ordre de Saint-François avec deux autres religieux, curieux de voir quelque autre effet prodigieux, descendirent dans la même sépulture, et ayant ouvert la caisse susdite, ils le trouvèrent dans la même manière où ils l'avaient mis, beau, frais, odoriférant et maniable, et lui demandant qu'il leur donnât du sang de son cœur, il obéit immédiatement.

Le quinzième jour après sa mort, ayant achevé le dépôt particulier destiné pour lui, il y fut transporté, accompagné de tous les religieux et séculiers ; et ayant ouvert de nouveau la susdite caisse, on le trouva dans la première conformité, et chargé des baisers aux mains et aux pieds ; il fut enterré dans le dépôt destiné, et en vigueur de l'inquisition qu'en avait fait faire le fiscal du Saint-Office, on l'appelait le serviteur de Dieu, lequel par une précieuse mort était passé à jouir la béatitude de son Seigneur. Les commandements qu'on lui avait faits de donner du sang sont arrivés environ au nombre de trente. Il aura donné du sang à plus de 600 personnes, en leur trempant leur mouchoir et autres linges avec les morceaux desquels se sont guéris plusieurs infirmes. Deux femmes en couches, en péril de mort, furent heureusement délivrées, une desquelles se déchargea de deux jumeaux. Deux demoiselles religieuses furent délivrées de leurs infirmités, une desquelles était abandonnée des médecins. Une femme en péril de perdre la vue, appliquant sur ses yeux le chapelet du serviteur du Seigneur, fut immédiatement guérie. Un officier ayant appliqué un petit morceau de son habit sur une main enflée, fut d'abord guéri. Pareillement, un jeune homme du mal de tête. Un gentilhomme, travaillé d'une goutte insupportable et beaucoup d'autres infirmités qu'on a ouï et su être guéries par l'intercession et l'application de son sang, et quantité d'autres choses que nous n'en avons pas encore eu relation. Dernièrement, on a eu avis d'un curé du village appelé Maggiori, dans le royaume de Naples, comme un petit enfant, ayant la tête toute gâtée par des plaies qui jetaient quantité de matières pourries et puantes, y appliquant avec une vive foi un morceau de l'habit du serviteur de Dieu, Père Jean-Baptiste, il fut d'abord guéri. Le même curé appliquant secrètement ledit morceau de l'habit du même serviteur de Dieu à un possédé, d'abord il fit des cris épouvantables, et en hurlant il dit que ce Religieux était un grand serviteur de Dieu, et que par son humilité, Dieu l'avait placé entre les séraphins du ciel.

Dans Rome, moi Enselme, ayant enveloppé dans du papier un petit morceau de toile teinte du sang du cœur dudit Père Jean-Baptiste, le donnant à une femme dévote, possédée, qu'entendant dire que c'était d'un serviteur de Dieu, elle fit d'abord des cris excessifs qui épouvantaient tous ceux qui s'y trouvèrent présents, et jetant ladite enveloppe loin de soi, elle continua à écumer et tempêter à la manière d'un démon furieux, ce que voyant, je lui la mis sur la tête pour la tourmenter davantage, et quand je lui demandais si elle le connaissait, elle redoublait ses efforts, et le même esprit lui donnait à connaître que cela lui cau-

sait beaucoup de peine et tourment, et au sujet du feu qui
la tourmentait, elle faisait des contorsions, battant des mains
et des pieds, tournant la tête à droite et à gauche, donnant
des signes qu'elle connaissait son grand mérite auprès de
Dieu en paradis, cherchant de se soustraire de tant de tourments, en me disant de m'en aller, et voyant qu'elle ne pouvait point obtenir l'effet de son dessein, elle frappait des
mains et tirait des coups de pied, crachant des puanteurs
jusqu'à ce qu'on lui fît un précepte de se confiner dans le
pied et d'être tout-à-fait soumis ; et la créature retourna en
quelque manière soulagée dans ses sens, des tourments
qu'ont coutume de donner les esprits malins et enchanteurs.

LAUS DEO.

Cette notice fut envoyée, l'année de la mort du
bienheureux Père Jean-Baptiste, à M. le Curé de
Miéges, paroisse de son origine, ainsi que la lettre
qui suit.

« *A l'Illustrissime et très-révérend Recteur de l'église de
Saint-Germain de Miéges, près Nozeroy.*

» Illustrissime et très-révérend Monsieur ,

» Le Père Jean-Baptiste, Religieux de l'ordre de Sainte-
Croix, est mort à Naples le 22 du mois de mars de l'année
présente, environ à la quinzième heure du même jour. Il
avait pris naissance à Miéges, village de la dépendance de
Nozeroy, ville de la Bourgogne. Sa famille s'appelait Dutronchet ; son père Antoine, et sa mère Claudine-Stéphanie.
Sa sainteté fut prouvée par un grand nombre de miracles ,
et devenant de jour en jour plus éclatante, bientôt les gens
de distinction comme ceux du bas peuple, et les personnes
de toutes les conditions et de tous les états, le regardèrent
comme un saint. Chacun courut à son tombeau pour en
obtenir des grâces, et un grand nombre obtint de Dieu ce
qu'il lui demandait par l'intercession de son serviteur. Le
bruit de ces prodiges parvint bientôt aux oreilles de l'Illustrissime archevêque Pignatilli, métropolitain de Naples ;

aussi daigna-t-il ordonner que, d'après les règles et les usages accoutumés, on informerait parmi les personnes soit régulières, soit séculières qui l'avaient connu de la manière de vivre de ce bienheureux Religieux, de sa sainte mort et des merveilles opérées par son intercession en faveur de ceux qui l'avaient invoqué. En conséquence, ayant été autrefois le Père spirituel de ce couvent depuis la profession religieuse du Père Jean-Baptiste, on m'a chargé de faire toutes les recherches possibles sur sa vie et ses mœurs. Comme je désirerais connaître tout ce qu'il a fait depuis son enfance, soit dans le lieu de son origine, soit dans la maison paternelle, soit dans sa paroisse, je recours donc avec humilité et avec instance à votre piété et à votre bonté, afin qu'elle daigne, pour un projet si pieux, faire toutes les informations possibles auprès des parents et des comparoissiens qui l'ont connu sous le nom de Claude-François Dutrouchet, nom qu'il portait dans le monde. Lorsque vous aurez pris d'eux tous les renseignements exigés, je vous prie de m'envoyer par la même voie que celle dont je me suis servi pour vous écrire, les lettres testimoniales munies de votre cachet et du sceau de votre charge. Que le tout soit pour la plus grande gloire de Dieu et l'honneur de sa paroisse.

» Je vous salue avec respect dans le Seigneur.

» A Rome, dans le couvent de Saint-Bonaventure de l'ordre des Réformés.

» Votre très-humble et très-obéissant serviteur,

» ENSELME DE NAPLES. »

Avec cette lettre fut envoyée au curé de Miéges l'inscription suivante, qui se lit sur son tombeau, à Naples.

D. O. M.

Corpus servi Dei P. J.-B. à Burgundiá, sacerdotis, ordinis Minorum strictioris observantiæ. Hic humi tegitur, qui pretiosá morte vivis sublatus-est die veneris, XXII martii: anno ab orbe redempto MDCCXXVI, actatis suæ XXVI, religionis VIII.

C'est ici que repose le corps du Père Jean-Baptiste, serviteur de Dieu, prêtre, natif de Bourgogne, de l'ordre des Mineurs de l'Étroite Observance. Il fut enlevé des vivants par une mort précieuse, un vendredi 22 du mois de mars, l'année 1726, âgé de 26 ans, et Religieux depuis 8 ans.)

« Je soussigné, J.-P. Blondeau, prêtre succursaliste aux Planches, petit-neveu du bienheureux Père Jean-Baptiste de Miéges, déclare avoir trouvé dans les papiers de ma famille les originaux de la notice et de la lettre écrites ci-dessus, et les avoir fait copier fidèlement, mot à mot, sans aucune altération; et pour m'assurer de la vérité des faits y contenus, j'écrivis à Naples au Père gardien des Récollets du couvent de cette ville, pour savoir si je devais ajouter une foi entière aux écrits ci-dessus dénommés, et voici la réponse qui me fut faite.

» BLONDEAU , prêtre succursaliste. »

« *A Monsieur Blondeau, prêtre vicaire à Nozeroy, par Besançon et Salins, en Franche-Comté*

» ILLUSTRISSIME ET RÉVÉREND MONSIEUR ,

» Je ne puis vous exprimer la joie et la consolation que votre chère lettre m'a causées. Et j'y ai admiré tout à la fois et votre attachement pour vos parents, et votre grande piété, et votre dévotion envers notre séraphique institut. J'en rends de très-humbles actions de grâces à Dieu. Pour satis-faire à vos désirs, et pour remplir les commandements res-pectueux que vous avez bien voulu me faire, je vais vous rapporter par ordre tout ce que j'ai appris touchant le vé-nérable serviteur de Dieu, le P. J.-B., natif de Bourgogne. Je ne ferai que transcrire fidèlement ce que m'en ont dit les Religieux de cette province, ses contemporains, pour la plupart encore existants.

» Et d'abord, d'après le témoignage des Religieux dont je viens de vous parler, je puis vous assurer que tout ce que vous m'avez écrit de la vie, des mœurs et de la mort de votre parent, n'est autre chose que la vérité. En effet, ce vénérable Religieux s'est rendu cher aux hommes non moins qu'au Seigneur. Sa mémoire est encore en bénédiction par-mi nous, et sa vie, quoique courte (car il n'a vécu que 26 ans), ne peut être mieux comparée qu'à celle de saint François, notre séraphique instituteur. Jamais il n'est tombé dans le moindre écart. Notre siècle ne méritait pas de jouir longtemps d'un homme aussi parfait ; aussi Dieu daigna-t-il l'en tirer en lui envoyant une langueur qui le consuma petit à petit. Sa mort, hélas ! trop hâtée, plongea tous les Religieux dans le plus profond abattement ; elle surprit tout le monde ; mais depuis longtemps il le connaissait ce moment qui le devait mettre en possession de son Dieu, car il l'avait annoncé huit jours auparavant à son supérieur. Sa prédiction pourtant n'était pas aussi claire que celle qu'il fit la veille de son décès. Il meurt ; aussitôt un bruit confus se fait entendre parmi les Religieux et les séculiers. Tous se transportent auprès de ce corps vénérable. Pour contenter leur dévotion on est obligé de le laisser plusieurs jours exposé dans l'église, et pendant cet intervalle il donna à plusieurs reprises du sang de son cœur à ceux qui lui en demandaient.

» Il est encore une circonstance miraculeuse que je ne puis m'empêcher de rapporter. La voici : son corps, ainsi exposé sans sépulture, exhalait une odeur des plus agréables (preuve certaine de sa pureté angélique). Tous les assistants en furent embaumés. Cependant, quelques jours après on pensa à l'ensevelir, et sa sépulture fut encore miraculeuse. En effet, on avait préparé un lieu pour l'inhumer, mais ce fut en vain qu'on essaya de l'y placer, et jamais on ne serait venu à bout de ce dessein sans le commandement exprès que lui en fit son supérieur. Il entend encore cette voix qu'il avait toujours respectée pendant sa vie, et il se laisse inhumer sans aucune difficulté. Quel exemple d'obéissance pour tous ceux qui en furent témoins ! Ce corps vénérable obéit à son supérieur, mais son esprit lui apparut pendant la nuit, et lui découvrit le mystère de la résistance qu'il avait opposée. Il lui dit : « Mon corps ne » doit point être inhumé dans le lieu où il est actuellement, » mais bien dans une autre place de l'église, mieux ornée et » mieux préparée. »

» On le transporta donc, après peu de jours, dans le lieu qu'il avait indiqué, c'est-à-dire dans la nef de l'église, à droite en entrant. Il fut placé dans une châsse de plomb ornée d'une épitaphe. Chacun en ressentit une vive joie, car il sortit encore de son corps, pendant très-longtemps, une odeur agréable qui se répandait dans toutes les parties de l'église.

» Sa mémoire et sa sainteté furent longtemps en vénération ; les exorcistes eux-mêmes ne croyaient trouver aucun lieu plus convenable pour s'acquitter de leur charge, et ils y conduisaient tous les énergumènes qu'ils devaient exorciser. Par là, le bienheureux P. J.-B. s'acquit tant de gloire que les démons eux-mêmes étaient forcés de publier ses vertus.

» J'avais encore beaucoup d'autres faits aussi prodigieux à vous rapporter, mais la brièveté que je me suis proposée dans cette lettre ne me le permet pas. Je suis pourtant encore nécessité de vous rapporter celui-ci. Le tombeau de votre bienheureux parent fut en si grande vénération, que les démons affirmaient qu'il n'était pas assez respecté et par les Religieux et par les séculiers qui s'y rendaient, car, disaient-ils en sortant des corps des énergumènes, il ne convient pas de fouler aux pieds un lieu si saint. A cette considération, les supérieurs le firent entourer de toutes parts de lames de fer. Il est resté dans cet état jusqu'à ce que la Société de Jésus, ayant été chassée de tout le royaume de Naples par un édit de notre roi Ferdinand Bourbon, l'ordre des Réformés fut transporté dans la maison occupée auparavant par les Jésuites, et qui porte maintenant le nom de Trinité-Majeure. Comme, dans cette translation, il fut permis aux Réformés de l'ordre de Sainte-Croix d'emmener avec eux tout leur mobilier et tout ce que leur église renfermait de plus précieux ; en conséquence, les plus âgés du couvent résolurent dans leur sagesse qu'on transporterait tous les corps des Religieux de l'ordre morts en odeur de sainteté, et de ce nombre fut celui du bienheureux P. J.-B., votre parent. Cependant, les principaux de l'ordre ne convenant pas entre eux si l'on devait les placer dans l'église dont je viens de parler, ou dans quelque autre ancien couvent situé dans la province de Naples, il fut résolu à l'unanimité qu'on les inhumerait dans l'église de Sainte-Marie-des-Anges, hors de la ville. On les y transporta donc pendant la nuit, et on les déposa dans l'autel de cette église. Mais pour les distinguer, on mit une inscription à chaque châsse, et voici celle du P. J.-B. :

« C'est ici que repose le corps du Père J.-B., serviteur
» de Dieu, prêtre, natif de la Bourgogne, de l'ordre des
» Mineurs de l'Étroite Observance. Il fut enlevé des vivans
» par une mort précieuse, un vendredi 22 du mois de
» mars, l'année 1726, âgé de 26 aus, et Religieux depuis
« 8 ans. »

» Soyez donc assuré, Monsieur, que ce que je vous ai écrit n'est autre chose que la pure vérité. Je le tiens des personnes les plus dignes de foi. Recevez ce pieux témoignage de mon respect, et priez Dieu que, pour me récompenser, il daigne, par l'intercession de votre parent, me pardonner mes péchés, et protéger mon couvent. Je désire aussi de tout mon cœur que vous ressentiez les effets de sa protection.

» Je vous offre mes très-humbles respects, et je soussigne de ma propre main.

» FRÈRE SEMY , FR.-LOUIS.

» Ui LAURO , *Ministre Provincial.*

» Donné à Naples, dans le couvent de la Très-Sainte Trinité, le 23 décembre 1786. »

Nous extrayons maintenant de l'*Annuaire du Jura* de 1847, les passages suivants d'une note historique écrite par M. Désiré Monnier.

BILLECUL. — Si nous en croyons un témoignage local, les habitants de *Billecul* donneraient ce nom à certain oiseau aquatique (le plongeon) qui fréquente la mare située au milieu de leur village ; et de là serait venue la dénomination de la commune. D'autres personnes cherchent à expliquer autrement ce nom de lieu qui leur paraît trop singulier pour être négligé par les étymologistes ; pour moi, je le leur abandonne tout entier, en leur recommandant de ne pas y ajouter trop d'importance.

Un autre genre d'illustration, qui vaut mieux que la plus belle origine, distinguera dans le nombre cette obscure population : le village de Billecul a vu naître, dans la respectable famille Dutronchet, un homme que l'Italie a plus connu que nous. Je suis satisfait d'avoir découvert un fait aussi digne d'intéresser la plupart de mes lecteurs, et de ressusciter en quelque sorte, pour eux, la mémoire du père *Jean-Baptiste de Bourgogne,* qui s'était évanouie dans son pays même.

Les pièces d'après lesquelles je vais parler de ce compatriote recommandable, ne contiennent pas, à beaucoup près, autant de documents biographiques que nous eussions désiré en obtenir ; car ce n'est pas assez pour l'histoire de savoir qu'un homme est mort *en odeur de sainteté ;* elle demande à connaître quelles sont les actions de sa vie qui l'ont préparé à cette fin. Malheureusement, on nous laisse ignorer cette existence qui doit s'écouler non-seulement dans l'oraison et les austérités, mais encore dans l'exercice des vertus que le genre humain aime à voir pratiquer à son profit. Réduit à cet égard à de simples suppositions, nous nous bornons à dire que l'on n'acquiert pas une réputation de sainteté sans en avoir donné des preuves positives à ses contemporains.

Un vendredi 22 mars 1726, mourut à Naples, au couvent de la Sainte-Croix, un père *Jean-Baptiste de Miéges*, comté de Bourgogne (1), prêtre, religieux de l'étroite observance de saint François, qui avait reçu dans le monde le nom de *Claude-François Dutronchet*; et les miracles dont les circonstances de son décès et de ses funérailles furent accompagnées, attirèrent sur lui une si sérieuse attention, que le peuple ne douta pas de la béatitude de ce personnage. On recueillit les observations, on les adressa de Naples à Rome, et de Rome à Besançon ; on provoqua une enquête pour connaître les commencements de cette vie de bienheureux ; mais nous ne possédons pas les pièces qui constatent une canonisation, si la canonisation s'en est suivie.

Voici ce que mandait, le 14 septembre 1726, à M. Serrette, recteur de la mère-église du val de Miéges, M. le vicaire-général Hugon, chanoine de l'église métropolitaine de Besançon :

« Monsieur,

» Mgr l'Archevêque a reçu la lettre et le mémoire ci-
» joints, qu'il m'ordonne de vous envoyer, pour que vous
» fassiez une exacte perquisition de tout ce que vous pour-
» rez découvrir de singulier et d'avantageux à la mémoire
» du saint religieux dont il s'agit. Vous ferez votre mé-
» moire en français, succinct et bien écrit, afin qu'après
» l'avoir légalisé, on puisse l'envoyer à Rome. Je me per-
» suade que vous travaillerez à cela avec joie ; j'en ai une
» sincère de vous assurer que je suis, Monsieur, votre très-
» humble et très-obéissant serviteur.

» P.-F. Hugon, vic. gén. »

(1) Il s'était dit de Miéges, parce qu'il y avait été baptisé, et que Billecul faisait partie du val de Miéges, aujourd'hui canton de Nozeroy.

On trouverait peut-être à l'archevêché les suites de cette affaire.

M. le curé de Miéges prit aussitôt ses informations, et voici textuellement la notice qu'il fournit sur l'enfance du père Dutronchet.

« Ayant leu le livre des registres des enfants baptisés
» dans la mère-église du val de Miéges, située au diocèse
» de Besançon, j'ai trouvé qu'il naquit dans le village de
» Billecul, le 30e jour d'aoust de l'année 1702, d'hon-
» nêtes parents. Il eut pour père honorable Antoine Dutron-
» chet, et pour mère honneste Claudine-Stéphanie Alpy,
» qui étaient conjoints par un légitime mariage. Il fut
» baptisé le susdit jour, et il reçut le nom de Claude-
» François. Il eut pour parrain honorable Claude Alpy et
» demoiselle Marguerite Cretenet.

» Ensuite m'étant informé de son enfance, j'ai appris du
» sus-nommé Claude Alpy, son parrain, qu'il fut délaissé
» de ses père et mère dès ses premières années, et qu'il fut
» conduit chez son grand-père maternel. On lui apprit à
» prier Dieu, et les principales vérités du christianisme. Le
» même déclare que l'on voyait en luy des dispositions
» si avantageuses pour la vertu, qu'il faisait l'admiration
» de toute la famille. Qu'il avait soin de prendre de l'eau
» bénite tous les soirs, et qu'un soir que sa mère nourri-
» cière le conduisait au lit pour reposer, il versa beaucoup
» de larmes, parce qu'il n'avait pas trouvé d'eau dans son
» bénitier.

» De plus il déclare qu'il avait un désir particulier d'ap-
» prendre l'oraison *Obsecro te Domina*, qui est dans les
» heures intitulées *le Chemin du Ciel* ; que parmi les ca-
» resses de son grand-père, il répétait cent fois ces paroles :
» Apprenez-moi donc l'oraison *Obsecro te Domina* ; que
» si on voulait luy faire faire quelques petits ouvrages, on
» n'avait qu'à lui dire qu'on la lui apprendrait ; et qu'aussi-
» tôt il obéissait. — C'est la déclaration dudit Claude Alpy,
» signé à l'original.

» A l'âge de sept ans, il fut conduit dans la ville de No-
» zeroy, qui est de la dépendance de la paroisse de Miéges,
» chez un de ses oncles paternels, nommé Abraham Du-
» tronchet, qui l'envoyait en classe sous un maître d'école ;
» lequel voyant le profit qu'il faisait dans la lecture des
» livres français, persuada à cet oncle de luy faire ensei-

» gner la langue latine, ce qu'il fit. Cet enfant s'y attacha
» avec tant de soin, qu'il ne s'attira jamais le moindre
» châtiment, ni dans la classe ni dans la maison à son
» oncle. Il était si fort mortifié, que sa tante, femme dudit
» Abraham, ne luy a jamais veu faire une gourmandise :
» Si elle venait du marché, et qu'elle rapportât des fruits,
» ses propres enfants lui en demandaient avec empresse-
» ment, pendant que Claude-François s'occupait de son
» devoir, et si elle luy en présentait, il les recevait hum-
» blement ; encore ne sait-on s'il les mangeait.

» Le même déclare que cet enfant avait une modestie
» exemplaire dans les églises et à la maison. Les jours de
» congé, au lieu de les employer à se divertir avec ses
» compagnons, il les employait à visiter les églises ou à
» la lecture de quelques livres de piété : il ne s'amusait
» point sur la place publique, avec les enfants de son âge,
» soit que cette inclination qu'il avait pour la solitude luy
» fût naturelle, soit qu'il y fût contraint par une certaine
» infirmité physique : toujours y a-t il lieu de l'admirer.

» Il a vécu ainsi dans la maison de son oncle, l'espace
« de cinq ans. Il reçut alors le sacrement de Confirmation
» des mains de Mgr l'évêque d'Aréthuse, dans le couvent
» des révérends pères Cordeliers de Nozeroy. Ce fut dans
» ce temps que ses frères, qui demeuraient à Rome, don-
» nèrent avis audit Abraham de le leur envoyer pour con-
» tinuer ses études (1). Cette nouvelle fut si agréable à cet
» enfant, qu'il sembla qu'elle fît diminuer l'infirmité dont il
» était travaillé depuis longtemps (2); ce qui détermina son
» oncle à convenir avec un nommé Anatoile Simon, pour le
» conduire auprès de ses frères (3). C'est toute la déclara-
» tion dudit Abraham Dutronchet, signé à l'original.

(1) A cette époque, les Francs-Comtois abondaient à Rome, où
ils attiraient de temps à autre les membres de leurs familles ou
leurs concitoyens. Leur émigration datait de l'invasion du duc
de Saxe-Weimar dans la haute montagne, c'est-à-dire, de l'année 1639.

(2) On ne dit nulle part en quoi elle consistait.

(3) C'est probablement un de ses frères qui était attaché au
service du palais pontifical en 1755, lorsqu'il mourut subitement
à Castel-Gandolfo, le 15 mai de cette année. Il se nommait
Pierre-Claude *Dutroncè* (nom italianisé qui se prononce à peu

» Enfin, il entreprit le voyage de Rome à pied, sous la
› conduite dudit Anatoile Simon, qui m'a déclaré que cet
› enfant avait une si grande exactitude à faire sa prière à
» genoux, soir et matin, qu'il n'a pas remarqué qu'il y ait
» jamais manqué, quoiqu il fût accablé de lassitude. Qu'il
» ne luy a jamais veu faire le moindre excès dans le boire
» et le manger ; qu'il ne luy a jamais entendu dire une mau-
» vaise parole, ni s'impatienter dans les fatigues d'un si
» long et si pénible voyage. Il dit qu'il avait tant de charité,
» qu'il aidait à porter les hardes d'un de ses compatriotes.
» Le même Simon déclare que, traversant les monts du
» Saint-Bernard, cet enfant tomba et roula fort bas, de
» sorte qu'il le crut mort ; que cependant il reprit courage
» et continua son chemin. Traversant une rivière sur une
» planche, il tomba dedans, et s'écria : « Miséricorde,
» Seigneur ! » Il y aurait péri sans un coup de la divine
» Providence, ne sachant nager, ni ne pouvant avoir du
» secours dudit Simon. — C'est tout ce qu'il a déclaré, et
» il s'est signé à l'original.

» Au reste, je puis ajouter qu'il n'a fait de mal à per-
» sonne, puisque je n'ay trouvé qui que ce soit qui s'en fût
» plaint : *Nec fecit proximo malum* (*Psalm. VII.*) En un
» mot, *Nihil mali invenimus, etc.* (*Act. IX*).

» Toutes lesquelles dépositions m'ont esté faites par des
» hommes de bon sens et très-bons catholiques ; et je les

près *Dufronchet*). Nous avons sous les yeux son testament olo-
graphe du 15 janvier 1742, où il se dit de *Billecu*, paroisse de
Miéges, en Bourgogne, diocèse de Besançon, et où il institue ses
deux sœurs Mathé et Blondeau, ainsi que leurs fils, ses héritiers,
soit pour ce qu'il possède dans sa patrie, soit pour ce qu'il lais-
sera à Rome, fruit de ses peines et de ses économies. Il n'oublie
pas, dans ses dispositions, ses compatriotes et bons amis Baud et
Chrétin, qui étaient cuisiniers à Rome. Quant à lui, il était valet
de chambre ou porteur de chaise du pape Benoit XIV. Il fait
un legs aux Capucins pour qu'ils célèbrent cent messes appli-
quées à la rédemption des âmes de ses auteurs et de ses frères
défunts, parmi lesquels il ne cite pas le bienheureux Jean-Baptiste ou Pierre-François, persuadé qu'il est, sans doute, que cette
âme n'a pas besoin de prières. On nous pardonnera d'être des-
cendu à ces menus détails, en faveur d'une famille qui, dans un
humble état de fortune alors, paraît avoir occupé, avant les
guerres de la Franche-Comté, un rang assez élevé.

» ay décrites très-fidèlement et en conscience, le 26 septem-
» bre de l'année mil sept cent vingt-six, dans la maison
» rectorale.

» Signé M. Serrette, prêtre, recteur de la mère-église du
» val de Mièges. »

Après ces données, qui n'ont pu être suivies au-delà des Alpes, nous perdons de vue, pendant quelques années, notre jeune Franc-Comtois ; mais nous savons qu'il y reçut le sacerdoce, et qu'il s'y consacra à la vie monastique dans le couvent de Saint-Bonaventure, en 1718. L'auteur napolitain de la *Briève notice* qui fut rédigée *sur le passage de cette vie au Seigneur de son serviteur le père Jean-Baptiste de Mièges, de la province de Bourgogne, en la ville de Naples, passage accompagné de plusieurs prodiges*, nous apprend que Dutronchet était ministre provincial du couvent de Saint-Bonaventure de Rome ; et qu'au mois de décem-1725, étant venu à Naples, le jeune religieux y fut atteint d'une maladie qui, prenant chaque jour un caractère plus grave, lui ôta toute possibilité de retourner à son poste. La relation contient dix-sept pages d'écriture ; il serait trop long de la rapporter en son entier : faisons en sorte de la quintessentier dans une rapide analyse, sans y entremêler nos réflexions. Seulement nous devons prévenir que c'est un franciscain du couvent même, témoin oculaire et auriculaire des merveilles de cette mort, qui en parle sous l'impression du moment et sous l'inspiration de la foi la plus fervente.

On désespérait de la vie du prédestiné, un certain jour de février qu'il ne devait pas passer, au dire des médecins ; mais il annonçait, lui, qu'il cesserait de vivre sur la terre un vendredi du mois de mars ; et l'événement ne l'a point démenti, puisqu'il a expiré le 22 mars 1726, un vendredi, jour de fête de saint Bienvenu, que célèbre tout l'ordre de Saint-François-d'Assises, auquel il appartenait.

Au moment du décès, tous les assistants fondirent en larmes et donnèrent des regrets à la perte d'une créature si édifiante dans ses discours et dans ses œuvres. Un prêtre de la communauté, bien convaincu des mérites du défunt aux yeux du Seigneur, se guérit sur-le-champ des douleurs qui l'empêchaient de marcher, en appliquant à ses genoux le bonnet dont le saint homme était coiffé.

Suivant l'usage, on habilla le corps et on l'exposa la

figure à découvert. En ce moment on vit renaître les roses de la santé sur ce visage qu'avait affreusement amaigri et décoloré une longue maladie : il parut avec toute la beauté d'un ange. Un concours immense de fidèles accourut à l'église, puis au cimetière, pour le contempler en cet état.

Un infirmier du couvent, qui voulait se confirmer dans la pensée que le Père Jean-Baptiste était un bienheureux, alla clandestinement lui donner des coups de lancette aux veines des bras et des pieds, et il en vit jaillir du sang aussi vermeil que d'une personne vivante. On cueillit une belle fleur qu'on mit à la bouche du mort (1), et avec laquelle il fut inhumé. Or, dans la vue de satisfaire la dévotion des fidèles désireux de voir le corps saint, le supérieur de la maison le fit exhumer après un séjour en terre de dix-huit heures, et tout le monde fut témoin qu'il reparut encore plus beau qu'auparavant, ayant toujours à la bouche la fleur qu'on y avait mise et qui n'avait elle-même rien perdu de sa fraîcheur.

Chacun alors s'écria, dans un transport d'admiration, qu'il fallait donner au Père Jean-Baptiste une sépulture plus digne de lui, et on fit aussitôt un cercueil de plomb, que l'on déposa en lieu convenable.

Sur ces entrefaites, on procédait à l'autopsie du cadavre, et, bien que le cœur, les poumons en fussent en apparence corrompus, il en sortait les émanations les plus agréables. Des coups de lancette donnés au cœur en firent couler du sang pur, duquel on s'empressa à l'envi de tremper des mouchoirs. Les professeurs en médecine et en chirurgie chargés de cette opération, déclarèrent dans un procès-verbal que de pareils phénomènes ne pouvaient être que surnaturels. Un notaire public constata les dires et les faits. M. le chanoine Fortunati, fiscal du Saint-Office, envoyé par

(1) Ce n'était pas par manière d'amusement, puisque l'infirmier le regardait comme un saint, mais c'était précisément pour honorer cette béatitude. Il nous paraît que cet usage napolitain avait quelque rapport avec ce qui se pratiquait en Egypte : M. Champollion le jeune dit que la fleur placée sur la tête indiquait la béatitude des personnages représentés dans les monuments. — De l'ancienne Egypte, ces idées auraient passé en Grèce avec les colonies de Cécrops, et de la Grèce elles auraient suivi d'autres colons dans l'Italie méridionale : on sait que cette dernière est toute peuplée de races grecques.

Son Eminence le cardinal archevêque, vint à son tour vérifier ce que répétait déjà partout la voix publique, et partit pour en rendre compte à Rome. Arriva bientôt après un autre prêtre de la cour ecclésiastique, qui, ayant demandé au défunt du sang de son cœur, en reçut à l'instant et s'écria : « Insigne miracle ! Après sa mort, le Père Jean-Baptiste obéit encore à ses supérieurs ! »

Ce jour-là, jusqu'à trois heures en nuit, le mort donna du sang à plus de cent personnes.

Deux moines s'avisèrent de détacher le cœur et de l'emporter comme une relique ; mais, tourmentés par leurs remords, ils n'eurent aucun repos qu'ils ne l'eussent rapporté à sa place.

Au bout de sept jours, les dépouilles mortelles du serviteur de Dieu furent renfermées dans la caisse de plomb, et descendues *in loco depositi*. A huit jours de là, le Père gardien, accompagné de deux frères de son ordre, curieux de reconnaître de nouveau l'état du cadavre, ouvrit le cercueil et retrouva le corps aussi frais, aussi beau, aussi odoriférant, aussi maniable qu'il l'avait laissé. Ces trois religieux lui demandèrent de son sang et ils en obtinrent.

C'est alors que l'inhumation définitive eut lieu : on découvrit le corps pour la dernière fois, chacun voulut lui baiser les pieds et les mains. Sa sépulture occupa un lieu distingué dans le monastère, et fut décorée de l'inscription suivante :

D. O. M.

CORPUS SERVI DEI P. JOHANNIS-BAPTISTÆ A BURGUNDIA, SACERDOTIS, ORDINIS MINORUM STRICTIORIS OBSERVANTIÆ, HIC HUMI TEGITUR. QUI PRÆTIOSA MORTE ANNO AB ORBE REDEMPTO M. DCC XXVI.⁰, ÆTATIS SUÆ XXVI, RELIGIONIS, VIII (1).

Le frère Anselme, auteur de la relation dont nous venons de faire usage, raconte ensuite les prodiges opérés par la foi jointe à l'intercession du bienheureux *Jean-Baptiste de Bourgogne* : il cite deux femmes en couches, deux religieuses infirmes, une femme en péril de perdre la vue, un officier souffrant d'une main, un jeune garçon d'un mal de tête,

---

(1) L'âge n'est pas indiqué d'une manière exacte, on ne le savait pas encore au juste. Nous avons vu que Dutrochet était né en 1702, par conséquent il était âgé de 24 ans lorsqu'il mourut.

un gentilhomme de la goutte, un petit enfant de la teign,
une foule de diverses douleurs, à qui souvent le simple con
tact d'un objet qui avait touché le corps saint avait suf
pour être soulagées ou tout-à-fait guéries. Le narrateur ajou
à tout cela l'effet qu'avait produit sur un possédé l'appli
cation d'un morceau de l'habit du P. Jean-Baptiste ; le pa
tient en avait poussé des cris épouvantables, et avait devin
que l'objet qui le touchait avait appartenu à un grand serviteur de Dieu, et que, pour son humilité, le Seigneur l'avai
placé parmi les Séraphins.

Le frère Anselme lui-même déclare avoir singulièrément
agité un certain diable qui s'était colloqué dans le corps
d'une dévote, en donnant à cette femme un petit morceau
de toile teinte du même sang, et renfermée dans une enveloppe de papier. « Il me priait, dit-il, de m'en aller ; et
» voyant qu'il ne pouvait obtenir l'effet de son dessein, il
» frappait des mains, lançait des coups de pied, et crachait
» des puanteurs, ce qui dura jusqu'à ce qu'il lui fût ordon-
» né de se confiner dans le pied, et d'y rester tout-à-fait
» soumis. La malheureuse créature s'en retourna en quel-
» que sorte soulagée dans ses sens des tourments qu'ont
» coutume de causer les esprits malins et les enchanteurs.
» *Laus Deo !* »

A l'envoi de cette *briève notice* de dix-sept pages, avait
été joint un fragment de toile de lin, teinte du sang de notre
saint compatriote ; ce fragment n'y était plus annexé lorsque les documents écrits ont passé sous nos yeux : il est
probablement resté entre les mains des membres de la famille Dutronchet.